# ÉLOGE

## DE M.r POITEVIN-PEITAVI,

Secrétaire-perpétuel de l'Académie des Jeux Floraux;

Prononcé dans la Séance publique du 12 février 1821;

*Par M. le Comte* JULES DE RESSÉGUIER.



TOULOUSE,

DE L'IMPRIMERIE DE MARIE-JOSEPH DALLES.

# ÉLOGE

## DE M. POITEVIN-PEITAVI,

Secrétaire-perpétuel de l'Académie des Jeux Floraux;

Prononcé dans la Séance publique du 12 février 1821;

*Par M. le Comte* JULES DE RESSÉGUIER.

MESSIEURS,

Vous regrettez un Académicien célèbre, et moi je pleure le premier et le meilleur de mes amis. Chargé d'annoncer aux lettres cette grande perte, j'ai besoin de réprimer des mouvemens de douleur et de reconnaissance. Pour exprimer tout ce que je dois à l'intérêt, aux soins, aux leçons de cet ami fidèle, il faudrait raconter mon enfance, ma jeunesse, tous les jours, tous les instans de ma vie. Je ne descendrai pas au fond de mon cœur, je tâcherai de m'oublier moi-même et d'écarter des souvenirs si chers et si sacrés.

Monsieur Poitevin-Peitavi naquit à Alignan-du-Vent, près de Montpellier, en 1742. Il fut élevé avec un soin extrême : de bons principes et de bonnes études préparèrent de loin les succès qu'il devait obtenir. Le ciel prodigue l'avait comblé de tous les dons de l'esprit, et son père employa une grande partie de sa fortune à développer ses heureuses dispositions: ces sacrifices ne sont jamais que des avances : il les acquitta par ses progrès. Nommé Professeur dans un Collége, il donnait des leçons dans l'âge où l'on en reçoit encore. Cette fonction noble et pénible était douce pour lui; il sentait déjà qu'enseigner les arts et les sciences c'était enseigner le bonheur. L'occupation fesait le charme de toutes ses heures; les traits héroïques, les récits sublimes, les productions du génie ébranlaient fortement son âme ou troublaient délicieusement ce qu'il y avait de plus intime en lui. Il étudiait les anciens, et relisait sans cesse Horace et Anacréon; Horace, dont il a toujours suivi les préceptes; Anacréon, qu'il nous a rappelé par sa gaîté, par sa vieillesse, par ses chansons.

L'instinct de sa renommée le conduisit bientôt parmi nous; et des triomphes, et surtout l'amitié, l'arrêtèrent dans cette ville amoureuse de gloire, qui s'empressa d'adopter ses talens et son nom.

Il existe dans tous les hommes supérieurs un besoin naturel d'être utile aux hommes. Ce sentiment le porta vers l'étude des lois; l'éclat du barreau tenta son ambition; il trouva dans cette carrière tout ce qui pouvait satisfaire son cœur, de la gloire et des dangers.

Un jugement prompt, des réparties vives, les traits brillans et imprévus de sa conversation révélaient en lui l'orateur; mais une santé délicate ne lui permit pas de se livrer au talent de la parole; et c'est par des écrits pleins d'énergie, de raison, d'élégance, qu'il obtint, jeune encore, la réputation de jurisconsulte et d'homme de lettres.

Il avait la franchise et le désintéressement d'une probité antique; sa douceur et son inflexibilité avaient quelque chose de vrai et d'incompatible, qui se peignait sur son visage, et inspirait en même-temps la confiance et le respect.

L'indépendance de son esprit ne céda jamais à un intérêt personnel. Il avait consacré ses talens à la vérité; et nous allons chercher à les faire apprécier, ces talens remarquables, en racontant l'usage qu'il en a fait.

Un homme du peuple est accusé d'assassinat; on veut sous cette accusation mettre à couvert les vrais auteurs du meurtre. Il faut autant de sagacité pour pénétrer ce secret que de hardiesse pour le dévoiler. D'un côté le pouvoir, le rang et le crédit; de l'autre l'innocence et l'infortune. L'audace protégée va réussir; et, pauvre et sans appui, la vertu va être immolée. Mais M.r Poitevin, touché d'une conviction profonde, prête au malheur sa force et son éloquence. Sa prudence le conduit à travers mille piéges; son ardeur le soutient dans une lutte difficile. Tantôt combattant le mensonge avec feu, tantôt démêlant avec art les fils de cette ténébreuse intrigue, il dissipe les ombres qui couvrent l'innocence, et renvoie la honte sur ses accusateurs.

M.r Poitevin impunément n'aura pas été généreux. Son repos est compromis, ses jours sont troublés : n'importe; on lui laisse le souvenir du bien qu'il a fait, et cette récompense fait seule palpiter son cœur.

On me pardonnera de confondre les époques pour réunir deux actions qui ont également signalé son courage.

Après l'issue malheureuse de l'insurrection royale de 1799, parmi les prisonniers envoyés devant les Conseils de guerre, c'est-à-dire au supplice, se trouvait un jeune insurgé, M.r Auguste d'Aguin (ici ma reconnaissance se mêle à mon admiration : ce jeune homme était mon cousin germain). M.r Poitevin entreprend de le défendre ; son dévouement aime les chances de cette périlleuse entreprise ; il veut le sauver ou périr avec lui. On espère en vain l'arrêter par des obstacles ou l'intimider par des menaces. Son courage s'accroît avec le danger ; ses mémoires éloquents, ses efforts, sa résistance parviennent à faire déclarer l'incompétence du tribunal ; les bourreaux sont prêts à frapper, il leur dispute, il leur arrache la victime, et en même-temps brise les fers de ses nombreux compagnons d'infortune.

Dans cet habile plan de défense, il fut merveilleusement secondé par le caractère de son jeune accusé. Vaincu, mais fier encore, et tranquillement occupé du succès de sa cause, ce soldat sans tache refusa toujours de répondre à des juges qui n'étaient pas les siens ; au fond des cachots il attendait la mort avec le même sang-froid qu'il avait montré, peu de jours auparavant, en marchant à sa rencontre sous le brillant drapeau de la France.

Noble imprudence ! présage heureux, qui, pour un moment du moins, fit reparaître aux yeux de la contrée fidèle, ces royales couleurs dont elle devait être un jour la première à se parer !

M.r Poitevin avait tenu tout ce qu'avait promis sa jeunesse; il surpassait même ce qu'on avait osé concevoir de l'excellence de son éducation, et joignait à ces avantages le bonheur de l'estime publique. Cette opinion flatteuse avertit M.r le Président de Rességuier de l'offrir pour guide et pour modèle à son fils, destiné à la magistrature. Un penchant mutuel hâta ce rapprochement : il est des affections qui se devinent, et qui à notre insu disposent de nous-mêmes. On vit naître de ces rapports les sollicitudes, les soins, les dévouemens d'une amitié active et les tendres retours d'une amitié reconnaissante. Ce sentiment transmis de génération en génération, lui est resté fidèle pendant toute sa vie, et l'accompagne aujourd'hui au delà du tombeau. Eh ! qui mieux que M.r Poitevin mérita d'être aimé long-temps ? qui jamais fut meilleur, plus sûr, plus compatissant et plus tendre ? Son nom rappelle toutes les qualités généreuses. Personne n'a porté plus loin le courage et la fidélité dans les attachemens du cœur.

Il aimait et cultivait naturellement la poésie; mais dans sa jeunesse, dans ces jours d'enthousiasme et d'imagination, lorsqu'il aurait pu s'y livrer avec succès, il sacrifia cet amour à des occupations plus sérieuses. Il ne faisait des vers que dans le monde et pour le monde. Renfermant dans le cercle d'une soirée toutes ses prétentions à la gloire, il ne voulait remplir qu'un salon du bruit de sa renommée. La société, qui n'attend pas, jouissait de son esprit toujours présent. Il semblait avoir emprunté à l'Italie le secret de ses improvisations. Au coin du feu, à la clarté des bougies, pour instruire des femmes aimables, il avait osé soumettre au rhythme poétique les noms rebelles de la géographie; les leçons se chantaient, et la rime fixait le souvenir. Pas un point du globe n'a échappé à l'hémistiche; les peuples, les fleuves, les montagnes, les mœurs des sauvages, les coutumes de l'Orient, tout a été peint, tout a été décrit avec le même bonheur. Quelquefois subitement inspiré, il faisait entendre de plus nobles accents; mais, revenant bientôt à sa chère gaîté, son esprit tout français éclairait une prétention équivoque, ou frappait un léger ridicule. Ses chansons se popularisaient; et souvent, pendant les nuits d'été, les chants joyeux du peuple lui rappelaient de vieux refrains qu'il avait oubliés.

L'Académie, jalouse de ses intérêts, reçut en 1785 celui qui lui était désigné par les Muses. Les lettres n'avaient été pour lui qu'une distraction; elles devinrent tout à coup un devoir facile; et ses premiers travaux justifièrent tous les suffrages qu'il avait obtenus. Ses compositions sont grandes et simples; son style, sans effort, passe de nuance en nuance, des pensées fortes aux idées ingénieuses. Il écrivait, comme il parlait, avec de l'inspiration et de la verve. Profond sans être sérieux, gai sans être frivole, il voulait dire les choses comme un autre, et les disait mieux qu'un autre. Il cherchait à être simple; mais l'élégance lui était naturelle, et l'esprit courait après lui.

Le nouveau Mainteneur apporta dans les assemblées particulières cette finesse d'observation qui naît du sentiment des arts, ce goût classique et pur que donne la méditation des chefs-d'œuvre, et ce mélange de politesse et de savoir qui distinguait les écoles de la Grèce. Sa facilité fut souvent mise à l'épreuve, et son talent flexible se prêtait à remplir les nombreuses obligations que lui imposaient son zèle et sa conscience académique. Cette laborieuse activité se soutint jusqu'à ses derniers instans.

Partageant sa vie entre le barreau et l'Académie, la retraite et la société, M.r Poitevin jouissait des autres et de lui-même; il fesait sa destinée de celle de ses amis; et, par un mélange de courage et de sensibilité, il avait de la faiblesse pour leur infortune et de l'indifférence pour ses propres revers. Accoutumé à tout sacrifier à ceux qu'il aimait, il était heureux, car il croyait à la reconnaissance. D'un caractère doux et violent, il se montrait sévère pour les torts les plus légers, et réservait toute son indulgence pour les fautes ou pour les malheurs qui avaient besoin de consolation. Dans la foule des gens qui venaient chercher ses conseils, si quelqu'un frappait trop fort à sa porte, ou se présentait à lui mal-adroitement, il prenait un air menaçant, une voix terrible, s'emportait contre le malheureux, et, tout en l'épouvantant, son cœur l'écoutait et se préparait à lui rendre un important service. Ses reproches étaient piquants sans être injurieux; il y avait tant d'originalité dans sa fureur, que sa colère était gaie, amusante, et voisine du sourire qui la terminait toujours. Il avait prodigieusement d'esprit, il en avait à tout moment pour toute chose et pour tout le monde ; son amabilité ne craignait ni une expression commune, ni un détail vulgaire; simple et naturelle, elle donnait de son charme aux récits les plus familiers. Sa première passion, après l'amitié, était l'étude ; il s'occupait sans cesse, et ne passait d'un travail à un autre que pour changer de succès. Tour-à-tour léger, grave, brillant, il avait le secret de tous les genres, et écrivait avec la même facilité un mémoire ou un vaudeville. C'était un de ces hommes à part, que la nature forme rarement, et qu'elle se plaît à douer; un de ces êtres qui font croire aux êtres privilégiés.

Plusieurs années de sa vie s'écoulèrent rapidement dans le bonheur. Bientôt le souffle des révolutions agita la patrie; toutes les félicités furent détruites, toutes les vertus furent persécutées.

Unanimement accusé de probité, de talent, de courage, M.[r] Poitevin avait trop de droits à cette persécution pour être oublié ; on lui rendit justice : il fut arrêté.

Ici nous voyons se renouveler une de ces particularités si honorables dans la carrière des hommes de lettres. Il fit de sa captivité un studieux loisir. A côté des gémissemens et des larmes, les Muses le défendaient contre la douleur. Il n'avait devant lui ni gloire ni avenir, et travaillait sans songer au jour qui allait suivre. La langue du Tasse devint l'objet de ses études ; il traduisit dans les fers la Jérusalem délivrée, poëme commencé dans un palais et fini dans une prison. Plus d'une fois sans doute la destinée du poète revint à sa mémoire, et l'avertit des dangers de la célébrité. Rendu à la liberté, il ne songea pas à faire imprimer son travail ; il avait obtenu des consolations : c'est tout ce qu'il demandait aux Muses ; et son poëme fut brûlé.

Après quinze ans d'exil et de silence, les lettres reparurent sur la terre des Troubadours. Notre joyeux midi les accueillit avec transport ; et l'Académie, dont presque tous les membres avaient disparu dans nos orages, souleva ses voiles de deuil. L'espérance écarta les douloureux souvenirs. Cette institution qui était sortie par miracle des siècles grossiers de la Gaule, devait encore renaître du sein de la barbarie. On rassembla les débris épars de l'ancien édifice, et M.r Poitevin qui était du nombre des vieux Mainteneurs échappés au naufrage, fut nommé Secrétaire-perpétuel.

On ne pouvait trouver plus d'ardeur pour relever le temple de Clémence Isaure, on ne pouvait choisir une main plus pure pour rallumer le feu sacré.

Il remplit ses devoirs avec tant de scrupule, avec un sentiment si religieux, qu'il augmenta la dignité et l'autorité de son ministère. La France connaît ses éloges spirituels, ses rapports judicieux, ses notices savantes; mais nous seuls pouvons apprécier les inspirations, les élans, et toutes les ressources de son esprit. Tandis qu'il répandait dans l'Académie les trésors de son instruction, il exerçait au dehors la puissance de son zèle. Nos relations s'étendirent; sa correspondance vive, animée, pressante, excitait l'émulation, réveillait la paresse. Partout le talent fut averti; il invitait à nos concours les poètes célèbres; et, préparant ainsi pour nos jeux des triomphes brillans, il donna plus de prix à nos récompenses. Son activité mettait tout en mouvement dans le paisible monde des lettres. Un insatiable désir de propager les connaissances utiles lui faisait deviner un Athénée, un Lycée cachés dans le fond d'un département. Il n'exista pas dans tout le royaume une société rassemblée au nom des arts, qui ne devint tributaire envers nous de ses lumières et de ses travaux.

C'était l'amant, le défenseur, le chevalier de Clémence Isaure. Il était prompt à venger ses affronts, et toujours prêt à soutenir ses droits. Son cœur avait pour elle les tendres susceptibilités de l'amour. Oubliant une offense personnelle, et ne pardonnant pas le plus léger outrage envers l'Académie, nous l'avons vu poursuivre de toute sa haine ce dédaigneux Marmontel, qui, après avoir brigué et obtenu nos couronnes, eut l'ingratitude de les mépriser. Il ne prononçait jamais son nom que comme une injure, et, pour exprimer en peu de mots son ressentiment contre quelqu'un, il disait: *Je le hais comme Marmontel.* On souriait à ce fanatisme littéraire; mais on admirait le principe d'un si généreux enthousiasme.

Un homme d'un esprit infini (1), marche

(1) M. Pinaud, Conseiller à la Cour royale de Toulouse, qui a succédé à M. Poitevin dans les fonctions de Secrétaire-perpétuel.

aujourd'hui son égal dans la route nouvelle qu'il a tracée. Ce magistrat fidèle est au milieu de nous ; sa présence m'ordonne de taire des qualités qu'il me serait si doux et si facile de rappeler. Mais nous savons tous, que M. Poitevin fut moins sensible à la gloire d'avoir surpassé ses prédécesseurs, qu'au bonheur qu'il eut avant de mourir de connaître le littérateur aimable qui devait si dignement le remplacer.

M. Poitevin avait payé ses dettes au monde, à l'amitié, à l'Académie. Son cœur libre avait besoin de repos ; il cherchait un abri ; et le sentiment céleste de la patrie le ramena dans son village. L'homme qui a beaucoup vécu aime à se retrouver aux lieux où il a commencé à vivre. Lorsque le tems précipite ses jours, il se plaît à voir des objets qui le reportent en arrière. Ainsi notre vertueux solitaire jouit de ses champs et de ses souvenirs. Il pouvait avec orgueil se replier sur lui-même, et remonter doucement sa vie ; il y rencontrait de nobles sentimens, de bons amis, et de belles actions. Toutefois ce vieillard ne voulut pas se reposer encore. Il composa dans sa retraite les *Mémoires pour servir à l'histoire des jeux Floraux* ; ouvrage précieux, dont le Roi a bien voulu accepter l'hommage, et qui mérite le jugement flatteur qu'en a porté un des premiers critiques de nos jours (1). Dans ces Mémoires il éclaire l'origine de notre institution, rapporte nos lois, explique nos usages, et signale avec une heureuse éloquence les avantages des anciennes traditions et le danger des doctrines nouvelles. Il devient le panégyriste de tous les Académiciens dont les éloges n'ont pas été faits ou n'ont pas été recueillis; ses portraits se touchent et ne se nuisent pas entr'eux, tant il donne à chacun sa couleur; il adoucit les défauts, mais il ne les cache pas; il peint en beau, mais il peint ressemblant. Un trait piquant atteste toujours la vérité de ses éloges; et, comme on l'a déjà remarqué, il a dans ce genre heureusement imité, ou plutôt naturellement reproduit, le style et la manière de Fontenelle. Honorable rapprochement, qu'il était juste et singulier d'établir entre le plus sensible de tous les hommes et le célèbre indifférent du dix-huitième siècle.

Son imagination avait conservé sa fraîcheur, et son âme toujours ardente aimait avec la vivacité des premières affections. Il n'était point abusé par les mensonges de la vie; et, bien que

(1) M. de Feletz. *Journal des Débats.*

son cœur fut détaché de tout ce qui passe et périt si vîte, il s'intéressait à tout comme si ce monde devait lui appartenir long-temps. Peu de chose suffisait pour le rendre heureux. On participait, sans y songer, à ce contentement facile. Son bonheur se répandait autour de lui. J'ai vu, et c'était un spectacle touchant, j'ai vu ce vieillard entouré des respects de toute sa contrée. La simplicité de ses mœurs, son grand âge, son expérience dans les choses humaines et sa longue sagesse le rendaient l'arbitre de tous les différents. Chacun venait le consulter. Il s'exhalait de ses discours un baume pour toutes les blessures, un charme qui appaisait les troubles et les inquiétudes. Sa maison était toujours ouverte ; le malheureux trouvait chez lui des conseils, le pauvre y trouvait des secours ; utile à toutes les classes, il était partout honoré, invoqué, chéri ; tout le monde bénissait son nom, et tout le monde aujourd'hui donne des larmes à sa mémoire.

Que nous reste-t-il à ajouter à son éloge ? Il nous reste, Messieurs, le récit de sa mort. Nous l'avons suivi dans le cours de sa vie utile et bienfaisante ; nous l'accompagnerons au milieu des souffrances et des exemples de son dernier jour. Ce jour n'a ni ambition à détromper, ni vains projets à détruire: le silence, la retraite, les saintes méditations lui ont fait un passage facile; et des souvenirs irréprochables le soutiendront dans cette dernière épreuve.

Les agitations ont disparu; toutes les idées de la terre ont fait place aux espérances du ciel. La religion vient avec pompe répandre ses bénédictions; le Prêtre du Seigneur s'approche, et le vieillard se sent ranimé; il s'unit à la prière; son attitude suspend les sanglots de la foule prosternée; et la pieuse confiance qui brille sur son front mourant calme le désespoir. Entouré de ses parens, de ses amis, des habitans de son village, il reçoit le sacrement qui le consacre pour l'éternité. Tout ce qui l'avait vu bien vivre est accouru pour le voir bien mourir. Ah! s'il était possible de rappeler des détails si simples qu'ils se refusent à être racontés, nous le montrerions s'occupant à épargner à sa famille des préparatifs déchirans; nous le montrerions appelant auprès de son lit l'ouvrier chargé de construire son cercueil, et choisissant lui-même, dans le symbole de la foi, pour inscription funèbre, ces mots si consolants: *et exspecto resurrectionem mortuorum:* ces mots, qui forcent l'espérance à descendre sur la pierre d'un tombeau.

Ainsi se soumit doucement à la mort celui qui avait résisté au temps et trompé la vieillesse. Ainsi s'arrêta ce cœur qui battait si vivement pour la gloire et pour l'amitié. Cette même religion qui l'a soutenu dans sa longue carrière adoucit aujourd'hui nos regrets. Un Prélat (1), entouré de l'éclat de son nom, de son rang, de ses lumières, vient s'asseoir à cette place accoutumée aux talens et aux vertus. Il vient l'honorer par de nouveaux talens, par sa science, par sa sagesse. Mais je ne dois, Messieurs, vous parler que de ma douleur; je ne dois vous entretenir que de vos pertes. Un autre vous parlera de vos conquêtes. Un autre vous dira les triomphes de l'Église, un Diocèse long-temps abandonné, heureux enfin de la présence de son chef, et ce chef vénérable fesant descendre sur un peuple à genoux les bénédictions du ciel. Instruit par le malheur et éprouvé par l'exil, martyr de l'honneur et de la foi, ce modèle touchant de courage et de piété, ce Pontife que nos cœurs appelaient arrive dans nos murs; il est accueilli avec transport, et se dérobe à nos acclamations, à nos empressemens, pour donner un grand

(1) Mgr. de Clermont-Tonnerre, Archevêque de Toulouse.

exemple de ferveur et d'humilité. C'est dans les privations et la retraite, c'est au pied des autels qu'il attire les regards du Seigneur sur son troupeau; c'est prosterné devant les sacrés tabernacles, qu'il reçoit, pour le conduire, tous les dons de l'Esprit-Saint. Sa voix fait entendre la parole du salut, et cette Cité pieuse et savante se remplit d'espérance et de joie. Ah! comme il eût partagé cette félicité publique, celui que nous pleurons! Son successeur est un dernier hommage offert à sa mémoire. Nous, Messieurs, nous qui avons connu M. Poitevin, son amour pour l'Académie, les vœux ardents qu'il formait pour elle, nous savons que ces vœux sont comblés aujourd'hui. La gloire de ce jour est montée jusqu'à lui, et son ombre a été consolée.

www.ingramcontent.com/pod-product-compliance
Ingram Content Group UK Ltd.
Pitfield, Milton Keynes, MK11 3LW, UK
UKHW032024260826
14628UKWH00006B/2714

9 782013 380676